KB215892

လူ့ဟာဘုရားသခင်နှင့်မိတ်သဟာယဖွဲ့ပြီးပျော်ရွှင်စွာအ
သက်ရှင်ဘို့ရန်ဖန်ဆင်းထားခြင်းဖြစ်ပါသည်။

ထိုသို့ ဘုရားသခင်သည် မိမိပုံသဏ္ဌာန်နှင့်အညီ လူ့ကို ဖန်ဆင်းတော်မူ၏။ (ကမ္ဘာဦး ၁း၂၇)

သို့သော်လူသားဟာဘုရားသခင်ကိုမနာခံပဲအပြစ်ကို
ကျူးလွန်ပြီးဘုရားသခင်ထံမှထွက်ခွာသွားရပါသည်။

ရလဒ် = စိုးရိမ်ခြင်း+ ကြောက်ရွံ့ခြင်း+သေခြင်း

အဘယ်ကြောင့်နည်းဟူမူကား၊ လူအပေါင်းတို့သည် ဒုစရိုက်ကိုပြု၍ဘုရားသခင်ရှေ့တော်
၌အသရေပျက်ကြ ပြီ။ (ရောမ ၃း၂၃)
အပြစ်တရား၏အခကားသေခြင်းပေတည်း။ဘုရားသခင် ပေးတော်မူသော ဆုကျေးဇူး
တော်ကား၊ ငါတို့သခင် ယေရှုခရစ်အားဖြင့် ထာဝရအသက် ပေတည်း။ (ရောမ၆း၂၃)

ဘုရားသခင်သည်အပြစ်သားလူသားတွေကိုအလွန်သ
နားသည့်အတွက်ယေရှုခရစ်တော်ကိုရွေးနုတ်သူအဖြစ်
ဤလောကကိုစေလွှတ်ခဲ့ပါသည်။

ချစ်ခြင်းမရှိသောသူသည်ဘုရားသခင်ကိုမသိ။ အကြောင်းမူကား၊ဘုရားသခင်သည်ချစ်ခြင်းမေတ္တာ
ဖြစ်တော်မူ၏။ (၁ယောဟန်၊၈)
အကြောင်းမူကား၊လူသားသည်သူတပါးကိုစေစားခြင်းငှါ မလာ၊သူတပါးအစေကိုခံခြင်းငှါ၎င်း၊
မိမိအသက်ကိုစွန့်၍ လူများကိုရွေးခြင်းငှါ၎င်း၊ကြွလာသတည်းဟုမိန့်တော်မူ၏။ (ရှင်မာကု၁၀း၄၅)

ယေရှုခရစ်တော်သည်ကျွန်ုပ်တို့အပြစ်အခအားလုံးကို
ဆပ်ဘို့ရန်လက်ဝါးကပ်တိုင်ပေါ်မှာအသေခံပြီးသုံးရက်
မြောက်နေ့တွင်ရှင်ပြန်ထမြောက်ခဲ့ပါသည်။
ထို့နောက်ကျွန်ုပ်တို့အားလက်ဆောင်နှစ်ခုကိုပေးလိုပါသည်။

လက်ဆောင် = ငြိမ်သက်ခြင်း + ထာဝရအသက်

ငြိမ်သက်ခြင်းကိုသင်တို့၌ငါထားခဲ့၏။ ငါ၏ငြိမ်သက်ခြင်းကိုသင်တို့အားငါပေး၏။ လောကီသား
တို့ပေးသကဲ့သို့ ငါပေးသည်မဟုတ်။ သင်တို့စိတ်နှလုံးပူပန်ခြင်း၊ စိုးရိမ်တုန်လှုပ်ခြင်း မရှိစေနှင့်။
(ရှင်ယောဟန် ၁၄:၂၇)
သူခိုးသည် ခိုးခြင်း၊ သတ်ခြင်း၊ ဖျက်ဆီးခြင်းငှါသာ လာတတ်၏။ ငါမူကား၊ သိုးတို့သည်
အသက်လွတ်ရုံမျှမက အထူးသဖြင့် အသက်ဖြင့်ပြည့်စုံစေခြင်းငှါ လာသတည်း။
(ရှင်ယောဟန် ၁၀:၁၀)

သင်စစ်မှန်တဲ့ငြိမ်သက်ခြင်းနှင့်ထာဝရအသက်ကိုမရ
ချင်ဘူးလား။
ဘုရားသခင်ကယခုဒီချိန်နာရီမှာသင်ယေရှုခရစ်ကိုယ
ကြည်ပြီးစစ်မှန်တဲ့ငြိမ်သက်ခြင်းနှင့်ထာဝရအသက်က
ပေးလိုပါသည်။

ဘုရားသခင်၏သားတော်ကိုယုံကြည်သောသူ အပေါင်း တို့သည်
ပျက်စီးခြင်းသို့မရောက်၊ ထာဝရအသက်ကို ရစေခြင်းငှါ၊ ဘုရားသခင်သည်
မိမိ၌တပါးတည်းသော သားတော်ကိုစွန့်တော်မူသည်တိုင်အောင်လောကီသားတို့ကို
ချစ်တော်မူ၏။ (ရှင်ယောဟန်၃း၁၆)
ထိုသူကိုလက်ခံသမျှသောသူတည်းဟူသောကိုယ် တော်ကိုယုံကြည်သောသူတို့အား၊ဘု
ရားသခင်၏ သားဖြစ်ရသောအခွင့်ကိုပေးတော်မူ၏။ (ရှင်ယောဟန်၁း၁၂)

ယခုယေရှုခရစ်တော်ကသင်၏စိတ်နှလုံးသားတံခါးကို
ခေါက်လျက်နေပါသည်။
သင်ယခုရွေးချယ်ရပါတော့မည်။အပြစ်နှင့်ပြည့်နေ
သောဤလောကမှာအသက်ရှင်ပြီးသေသွားသည့်
နောက်ငရဲထဲမှာထာဝရဒုက္ခခံမလား၊ဒါမှမဟုတ်ယေရှု
ကိုလက်ခံပြီးစစ်မှန်တဲ့ငြိမ်သက်ခြင်းနှင့်ထာဝရအသက်
ကိုရယူမလား။
သင်ယေရှုခရစ်တော်ကိုသင့်သခင်ကယ်တင်ရှင်အဖြစ်
လက်ခံမှာလား။

ငါသည် တံခါးရှေ့မှာရပ်၍ ခေါက်လျက်နေ၏။ အကြင်သူသည် ငါ၏အသံ ကိုကြား၍
တံခါးကိုဖွင့်အံ့၊ ထိုသူရှိရာသို့ ငါဝင်၍သူနှင့်အတူစားသောက်မည်။ သူသည်လည်း
ငါနှင့်အတူစား သောက်ရလိမ့်မည်။ (ဗျာဒိတ်ကျမ်း၃း၂၀)

အလွန်အရေးကြီးသောဆုံးဖြတ်ချက်ကိုချခဲ့တာဖြစ်ပါ
တယ်။ ဒီလိုဆုတောင်းကြည့်ပါ။
အဘဘုရားသခင်ကျွန်ုပ်သည်အပြစ်သားဖြစ်ပါသည်။
ကျွန်ုပ်အပြစ်များကိုနောင်တရသည့်တွက်ခွင့်လွှတ်
တော်မူပါ။ယေရှုခရစ်တော်သည်ကျွန်ုပ်အပြစ်အတွက်
လက်ဝါးကပ်တိုင်ပေါ် တွင်အသေခံခဲ့ပြီးရှင်ပြန်ထ
မြောက်ကြောင်းကိုယုံကြည်ပါသည်။ယခု၍ချိန်နာရီမှာ
ကျွန်ုပ်စိတ်နှလုံးသားထဲမှာကြွဝင်တော်မူလျက်ကျွန်ုပ်၏
ကယ်တင်ရှင်နှင့်သခင်ဖြစ်တော်မူပါ။ယေရှုနာမတော်
အားဖြင့်ဆုတောင်းပါတယ်။ အာမင်

သင်သည်ယေရှုခရစ်တော်ကိုလက်ခံသည့်အတွက်ဘု
ရားသခင်၏သားသမီးဖြစ်လာပါသည်။
နီးစပ်ရာကျမ်းစာအခြေခံ၊သတင်းကောင်းကိုဗဟိုထား
သည့်ဘုရားကျောင်းကိုသွားပြီးနှုတ်ကပတ်တော်ကြား
နာခြင်းနှင့်ဆုတောင်းခြင်းအားဖြင့်ဘုရားသခင်နှင့်အတူ
ပျော်ရွှင်သည့်အသက်တာကိုလျှောက်လှမ်းပါ။
ဘုရားသခင်၏မေတ္တာနှင့်ကောင်းကြီးများစွာသင့်အပေါ်
သက်ရောက်ပါစေ။